CHAMBÉRY-REVUE

Grande pièce locale en 10 tableaux,

Par MM. XXX.

Premier tableau.
La Ville de Chambéry.

Deuxième tableau.
La Colonne des Eléphants.

Troisième tableau.
Les Commerçants de Chambéry.

Quatrième tableau.
Les Monuments et Sociétés de la ville.

Cinquième tableau.
Le Lac du Bourget.

Sixième tableau.
Pigeon vole ! ou une Soirée intime.

Septième tableau.
La Vogue de Bassens.
Les Pontets, chanson patoise du poète Rousseau.

Huitième tableau.
Scandale au Théâtre.

Neuvième tableau.
Départ de Protée.

Dixième tableau.
Apo... — **Le Chant des Allobroges.**

REVUE DE CHAMBÉRY

DE 1880

EXTRAITS

PROLOGUE

Humble dès ton berceau, grande par la victoire,
Toi qui dans le péril sus te couvrir de gloire,
Capitale des ducs aux belliqueux exploits,
Souffres que ta vertu se chante par ma voix !
Jadis, quand le destin t'appelait à la guerre
Sous l'égide de Dieu qui te mit sur la terre,
Fougueuse, tu savais, volant au premier rang,
Répandre pour les tiens le plus pur de ton sang.
Dans les arts et la paix, aujourd'hui souveraine,
Tu sais, bien que soumise, avoir cet air de reine
Que tu gardais vaincue, alors que de César
Tu levais haut la tête en escortant le char.

Ce que je veux chanter ici, c'est le mérite
De chaque Savoyard qu'au spectacle j'invite,
Car chacun à son poids se va faire peser ;
Qu'il soit fils de baron ou simple maraîcher,
Sans trop égratigner, à tous les escogriffes
La Critique saura donner des coups de griffes.

Ⓒ

Et le riche, et le pauvre, et le noble manant,
Aura droit au reproche ainsi qu'au compliment.
Vous verrez devant vous la superbe colonne
Avec ses éléphants dont la grosseur étonne,
Et l'ancêtre vaillant qui trône sur un fût
Coulé avec l'airain arraché d'un affût.
Le gentleman du jour, l'arrogant journaliste,
La vieille fille au cœur sec et ridé, l'artiste
Et le pompier sans peur qui, tout ruisselant d'eau,
S'en va tranquillement boire son jovelot ;
Le commerçant dont l'art sachant parer vos femmes,
Allume dans vos cœurs des tourbillons de flammes,
Architectes, banquiers, menuisiers et sculpteurs,
Libraires, pâtissiers et petits ramoneurs,
Bref, tout bon citoyen qui mange à la campagne
Le gain du chocolat qu'il a mis à l'épargne.
Notre lac du Bourget aux flots harmonieux,
Où se mire l'étoile en brillant dans les cieux,
Que le zéphir caresse et l'aquilon tourmente
Et s'élance parfois en montagne écumante ;
Aix-les-Bains et Marlioz, Montmélian et ses vins,
La Bauche pittoresque aux paysages fins,
Le chant que Graziella disait à Lamartine
En lisant dans ses yeux une langue divine,
Et dont l'âme souvent, au milieu des roseaux,
Vient mêler son doux chant au doux chant des
[oiseaux.
Nous irons dans les bois, au sommet des montagnes,
Cueillir le bouton d'or qui jaunit vos campagnes,
Dans tous ces coins de terre où la franche amitié

Repose avec l'amour et la fraternité,
Côte à côte, marchant sous la voûte étoilée,
Dans les mêmes sentiers, par la même rosée.

Après, nous chanterons en regardant les cieux
En souvenir de ceux qui furent nos aïeux,
Le front ceint de lauriers, l'hymne de la Patrie,
Notre mère commune et mère tant chérie,
Challes aux flots de soufre avec son vieux castel,
Princens, Monterminod, Cruet, Arbin, Seyssel.

Tu es aimée de tous, ô ma belle Savoie,
Car toujours de l'honneur tu marchas dans la voie ;
Et le sang de tes fils morts sur le champ d'honneur,
En rougissant ton front a montré que ce cœur,
S'il fut grand autrefois, est resté grand encore :
Tu n'as pas de déclin, mais tu as une aurore.

———

Huguet, chemisier.

(Air : *Péché mignon.*)

Jadis, de la feuille de vigne
On faisait son seul ornement ;
Mais, aujourd'hui, chacun se signe
Et trouve cela surprenant.
Le phylloxera dans sa crise,
Ayant détruit cep et raisin,
Huguet a créé la chemise
Et a ouvert un magasin.

En face de la cathédrale,
Il a, dans ses nouveaux comptoirs,
Serviettes, linge de table,
Draps de lit, torchons et mouchoirs.
Par son tarif toujours modeste,
Huguet sait se recommander :
Venez tous, pendant qu'il en reste,
Prendre la toile à bon marché.

Vallier, l'épicier.

(Air de *Rose.*)

Ne parle pas, Huguet, je t'en supplie,
Auprès de moi, ton astre est sans éclat.
C'est moi qui vends le fromage de Brie,
Bonbons anglais, figues et chocolat.
Mais quand l'hiver ramène la froidure ;
Que les fruits verts font place aux fruits con-
C'est moi, Vallier, qui vends la confiture, [fits;
Marmelades, au plus modeste prix.

(Air : *Quand ces beaux Pompiers...*)

Poissons et homards,
Sardines et lards,
Vins fins, parfumerie,
Liqueurs et drogurie,
A l'ép'cerie Centrale,
Comme à sa Succursale,
Brosses, dattes, anchois,
Seront toujours du premier choix.

Rubin, tapissier.

(Air : *Amanda*.)

Monsieur, je suis tapissier,
Je vends siéges et tentures.
Très-expert dans mon métier,
Je les orne de moulures.
Quand on veut, en bon époux,
Parer sa chambre nuptiale,
On vient, en homme de goût,
Contempler ce que j'étale
Et l'on répète ce refrain :
  C'est chez Rubin *(bis)*
  Que les meubles sont les plus fins,
  Les plus fins, chez Rubin.

La couturière des Magasins Lyonnais.

(Air de *Marasquin*.)

Des grands Magasins Lyonnais,
Je suis la grande couturière ;
Je coupe en ligne droite, en biais,
Toujours à la mode dernière.
Adressez-vous à mes patrons
Qui vous feront taille jolie,
Robes mignonnes et jupons
Avec rubans et broderie.
  De Chambéry,
  Jusqu'à Bissy,
  Chacun vient voir ce qu'ils étalent ;
  Mousselines, châles, satins,

Cachemires, soies et dentelles.
L'on peut voir dans ces magasins
Les plus laides et les plus belles,
D'Aix, Servolex et Cognin.

Le tailleur des mêmes Magasins.

(AIR : *Jadis les Rois...*)

Qui ne connaît, de par le monde,
Celui qui se sert d'un tailleur,
De Chambéry jusqu'à Golconde,
D'entre tous le meilleur coupeur.
Du Bourget jusqu'à Bassens même,
Aux grands Magasins Lyonnais,
Dont on connaît l'adresse extrême,
On vient se faire des attraits :
    Gilets, habits ou redingotes,
    Pardessus chauds, vestes, culottes,
    De la tête jusques aux pieds
    J'habill' les gens, c'est mon métier.

Le Tanneur. (Ad libitum.)

S'il me fallait tanner toutes les bêtes
Dont le cuir souple eût pu faire un chapeau,
Tous les maris viendraient offrir leurs têtes
A Chambéry comme à Monterminod.
Mais à Maché, le cœur est plus sensible,
Et l'on n'emploie que des peaux de moutons :
Dormez, maris, d'un sommeil plus paisible ;
Pour cette fois je vous tanne en chanson.

Saint-François. (Femme du peuple.)

(Air : *Fleur de Thé*.)

Toute bonne cuisinière,
Qui n'a péché qu'une fois,
Comme Semis de Rosière
Vient loger à Saint-François.
Et du Bourget à Sainte-Ombre,
Comme tout a augmenté,
Elles accourent en nombre,
En hiver comme en été.

Le Palais - de - Justice.

(Un homme en toge.)

(Air du *Mont-Ida*.)

C'est en mil huit cent cinquante
Que Victor-Emmanuel
Posa de sa main puissante
La pierre de ce castel.
Au Palais,
Dame Justice
Sait briller à tous les yeux ;
Sans attraits,
Sans artifice,
On la vient voir de cent lieux.

Les Chevaliers-Tireurs. (Avec des fusils.)

Nos coups portent tout droit ; nos coups portent partout
Où le plomb nous appelle : à Rome, à Tombouctou,
A Genève, à Pékin, notre arme meurtrière

A fait des Savoisiens savoir l'humeur guerrière,
Et l'on prétend aussi que jusque dans les cœurs
Terribles sont les coups des Chevaliers-Tireurs.

Le Club alpin. (Touristes.)

(Déclamé.)

Membres du Club alpin, d'une humeur vagabonde,
Nous voulions entre nous faire le Tour du Monde.
Mais comme on le jouait naguère à Chambéry,
Chaque épouse se mit à dire à son mari :
August' tu vas partir, sans songer à mes larmes ;
Penses-tu que mon cœur ne soit dans les alarmes,
Alors qu'il te saura jusqu'au fond du Japon,
Mangé par la panthère ou bien par le lion ?
Si, de ces animaux tu devenais la proie,
Sans toi, que deviendrait notre pauvre Savoie ?
August' bien triste, alors abaissant la paupière,
Répondit : Ah ! au lieu de visiter la terre,
Mignonne, nous irons jusques au Nivolet
Manger du lait bien frais, des œufs et du poulet ;
Puis à notre retour, ce sera bien plus tendre :
Nous ferons tous les deux le tour de notre chambre.

(Chanté.)

Voilà comment le Club alpin,
Pin, pin, pin,
Visite le monde en sapin,
Pin, pin, pin.

Les Journaux.

(AIR : *Pour épouser une Princesse.*)

J'ouvre une feuille politique :
Ecoutez, ça ne coûte rien.
Ah ! c'est le parti catholique
Qui vous parle, suivez-moi bien.
Le pays est dans l'anarchie,
Que faudrait-il pour le sauver ?
Bonne petite monarchie
Que l'on tirerait du panier ?
La République universelle
C'est du nanan, dit le *Courrier*,
Elle tient par une ficelle
Et le *Bon Sens* va la couper.

Une autre feuille politique
(Je vous la lis toujours pour rien)
Dès longtemps soutient polémique
Contre ce bon journal chrétien :
Voyez, dit-elle, la Patrie
Grandit radieuse à l'horizon ;
Quant à la vieille monarchie,
Elle a fini dans un carton.
La République, notre mère,
A proclamé la liberté,
Et le *Patriote*, sur terre,
Représente l'Egalité.

Le *Père André*, dans les campagnes,
Chaque dimanche va s'asseoir.
S'il fait chaud, c'est dans les montagnes ;

S'il fait froid, c'est au vieux pressoir.
L'*Indicateur* fait sa chronique
Sans penser au qu'en dira-t-on;
Aux vieux garçons, il fait la nique;
Aux jeunes filles, la leçon.
Vous voyez bien qu' chez nous, en somme,
Les journaux sont, comme partout,
Ce que partout peut être l'homme,
A Chambéry comme à Corfou.

La Police.

(Air : *Les Cloches*. — Dans ma mystérieuse
histoire.)

Ce soir, dans notre bonne ville,
Il ne passe pas un mortel,
Et tout me paraît si tranquille
Que c'est vraiment surnaturel.
Comm' c'est sur moi seul que repose
La sûreté du citadin,
Je ne vois pas pourquoi je pose
Loin d' ma femme et d' mon gamin?
Car pourquoi vouloir pour un crime
Empêcher l'agent de dormir;
Ça n'empêche pas la nétime
Trois fois sur quatre de mourir.
La lueur de ce réverbère
M'invite à mes devoirs d'époux;
Je suis agent, mais j'ai d'un père
Les sentiments calmes et doux.

La Boisse.

(Air : *La Faridondaine.*)

A la Boisse, on vient s'amuser
Et boire de l'eau douce ;
Puis après avoir siroté,
On s'étend sur la mousse.
Pendant que la p'tite Nanon,
La faridondaine,
La faridondon,
Fait ronron près d' son ami
Biribi,
A la façon de Chambéry,
Mon ami.

La Vogue de Bassens.

C'est à Bassens, Monsieur, près de la ville,
Que nous venons chercher un doux abri.
Quand vers le soir, l'âme calme et tranquille,
Chacun veut fuir les bruits de Chambéry ;
Bien retirés, alors sous la coudrette
Et dans la nuit se guidant sur les cieux,
Filles, garçons s'embrassent à pincette ;
Ils sont heureux, Monsieur, ils sont heureux.

Les doux serments qu'on échange à cet âge
Ont des échos dans les bois d'alentour,
Et chaque oiseau les dit dans son ramage
A chaque amant quand arrive le jour :

Il faut partir, le travail les appelle ;
Alors Jeannette, en se frottant les yeux,
Dit à Jean-Louis : Je te serai fidèle,
Soyons heureux, Jean-Louis, soyons heureux.

Hélas ! aussi puisque toute tendresse,
Au fond du cœur a quelque déplaisir,
Jean-Louis oublie, et sa chère promesse
Et le serment qu'il fit pour l'avenir.
Quant à Jeannette, elle attend à cette heure,
Dans un asile où les fous sont heureux,
Que l'inhumain visite sa demeure,
Non pour l'aimer, mais pour sécher ses yeux.

(Air : *Marchande de marée.*)

Après bien des batailles,
Etant invalidé,
A partir de Versailles,
Je me suis décidé ;
Et craignant à la butte
D'être conduit un jour,
J'abandonnais la lutte
Sans espoir de retour.
Mon épouse
Qu'est jalouse
M'a dit en poussant des grands cris :
Quitt' Versailles,
Ma p'tit' caille,
Je te suivrai à Chambéry.

       Alors, l'âme navrée,
       J'abandonne Paris,
         Pour faire une tournée
         Et apaiser ses cris.
       Dessus cette colonne,
         Qu'on eût dû m'ériger,
       Messieurs, qu'on me pardonne
         Si j'essaie de grimper.
           La Savoie
           Fait ma joie,
       J'adore ses habitants ;
           De Versailles,
           Les batailles,
       M'ont gâté les sentiments.

Le Théâtre. (Sonente.)

         Théâtre, théâtre,
Par son humeur folâtre,
Laids, beaux, jeunes et vieux,
Par tes chants tu rends joyeux.
         Théâtre, théâtre,
La bergère et le pâtre
Laissent pour toi leurs moutons,
Leurs bosquets, leurs frais gazons.
La voix triste sur la scène
Du critique qui s'amène
Au cœur te fait de la peine
Et t'accable sans retour.
Est-ce là l'humeur rieuse
Qui soudain se fait boudeuse
Quand on lui parle d'amour ?

Les Eaux.

AIR : *Buvons encore.* (Fleur de Thé.)

Mes amis, buvons encore
De ces eaux que l'on adore,
De ces eaux dont la douceur
Chasse la mauvaise humeur.
Leur effet est si magnifique
Qu'il bannit toute colique,
D'Arbin à Monterminod
C'est l'eau d' Marlioz *(bis)*.

AIR : *J'ai fait 3 fois le tour du monde.* (Cloches.)

J'ai perdu ma douce Euphémie
Et j'en accuse le destin ;
J'en ai l'âme toute contrie,
Voilà que j'en perds mon latin.
Ciel de Savoie,
Qui fais ma joie,
Qu'as-tu donc fait
De mon objet ?
Que pour le rendre
A l'âme tendre
De son époux
Qu'on est jaloux ;
Ton âme bonne
Enfin pardonne
Au cœur navré
D'un député

Qui te supplie,
Ville chérie,
De lui retrouver
Sa moitié.

Challes.

(Air :

Challes, pendant l'été, grâce à son directeur,
Sur tous les environs lève son front vainqueur.
Si parfois, par l'odeur, ses ondes nous offensent,
En revanche, vers juin, les étrangers y dansent,
Et de tous les côtés, de toutes les régions,
Chacun vient respirer ses inhalations ;
 Car le soufre,
 Quand on souffre,
Est très-bon à la santé ;
 Le bromure,
 Je l'assure,
Est un remède vanté.

La Bauche.

(Air :

Haut perché comme un nid
Caché dans le feuillage,
La Bauche, et on le dit,
Est un site sauvage ;
Celles qui meurent d'amour,
Folâtres jeunes filles,
Voulant aimer toujours,
Dévorent ses pastilles.

Coise.

(Air :

C'est par l'eau de Coise
Que not' Françoise,
D'un estomac
Bien délicat,
Vit tout' ravie,
Sans médecin,
Sa maladie
Sur son déclin.
Depuis, Françoise,
De l'eau de Coise,
Boit constamment
Après, avant.

Brides - les - Bains.

(Air : *Cadet - Roussel.*)

Aux environs de l'Echaillon,
On trouve l'eau de Saint-Simon ;
Pour ceux qui sont couverts de rides,
On voit encore l'eau de Brides,
Dont les grands bassins
Cachent les petites eaux de Salins.

Chambéry. — Imprimerie Ménard, rue Juiverie.

DISTRIBUTION :

Protée . . . . MM. Gabriel.

Un agent de ville. — Un chemisier. — Le
chevalier-tireur. — M. Desgrieux . . . . . Guilbault.

J.-J. Rousseau. — Un caporal. — Mercure. —
M. Beaudiseur. — L'Hôtel-Dieu. . . . . . Noellat

Un peintre. — Le tapissier. — Le phylloxera.
Un paysan. — Un gamin. . . . . Thulau.

Le marchand de journaux. — Le tailleur. —
Un chevalier-tireur. — M. du Bel-Air. . . Geoffroy.

Un Anglais. — L'Epicerie centrale. — Le
Club alpin. . . . . Cattier.

Un peintre. — Un soldat. — Le tanneur. — Le
Palais-de-Justice. — Le gondolier. — Un
paysan. — Un abonné. . . . . Guernon.

Un crieur public. — Un ivrogne. — Le li-
thographe. — St-Benoît — Un spectateur. . Deleau.

Un décrotteur. — Un musicien. — Un saltim-
banque. — Un marchand de vogues . . . Ernest.

La ville de Chambéry. — La fée du lac du
Bourget. — La couturière des Grands Magasins Lyonnais. . . . . Mmes CAVÉ.

Euphémie. . . . . Drulin.

Nestor. — La Coise. — Mlle Bienlancée. . . Bertha.

La gaze. — Le théâtre. — Marlioz. — Mme
Rimon . . . . Guilbault.

Saint-François. — Challes. — Mme Biensucrée. C. Hinry.

La Boisse. — Mme Boistenay. — Une actrice. Marie-Rose.

L'Orphelinat . . . . Gab. Cavé.

Brides-les-Bains. — Mme Bienconfite. — La
bonne. . . . . Roche.

Sainte-Hélène. — La Bauche. — Mme Guéradin. Deleau.